하루 동안 기술자 되어 보기

My STEM Day Technology

© 2019 Welbeck Publishing Group Limited
First published in the UK in 2019 by Carlton Kids, an imprint of Welbeck Publishing Group Limited
All rights reserved.
Korean Language edition © 2021 by The Forest Book Publishing Co.
Korean translation rights arranged with Welbeck Publishing Group Limited
through EntersKorea Co., Ltd., Seoul, Korea.

이 책의 한국어판 저작권은 (주)엔터스코리아를 통한 저작권사와의 독점 계약으로
도서출판 더숲이 소유합니다. 저작권법에 의하여 한국 내에서 보호를 받는 저작물이므로
무단전재와 무단복제를 금합니다.

하루 동안 기술자 되어 보기

1판 1쇄 인쇄 2021년 8월 16일
1판 1쇄 발행 2021년 8월 23일

지은이 낸시 딕맨
그린이 알레한드로
옮긴이 서지희

발행인 김기중
주간 신선영
편집 정은미, 민성원, 이상희
마케팅 김신정, 최종일
경영지원 홍운선
펴낸곳 도서출판 더숲
주소 서울시 마포구 동교로 43-1 (04018)
전화 02-3141-8301
팩스 02-3141-8303
이메일 info@theforestbook.co.kr
페이스북 · 인스타그램 @theforestbook
출판신고 2009년 3월 30일 제2009-000062호

ISBN 979-11-90357-74-6 74400
      979-11-90357-72-2 (세트)

※ 이 책은 도서출판 더숲이 저작권자와의 계약에 따라 발행한 것이므로
  본사의 서면 허락 없이는 어떠한 형태나 수단으로도 이 책의 내용을 이용하지 못합니다.
※ 잘못된 책은 구입하신 곳에서 바꾸어 드립니다.
※ 책값은 뒤표지에 있습니다.

SCIENCE TECHNOLOGY ENGINEERING MATHEMATICS

하루 동안 기술자 되어 보기

아침부터 저녁까지 생활 속 기술을 찾아다니는 STEM 수업

낸시 딕맨 지음 | 알레한드로 그림 | 서지희 옮김

더숲 STEAM

차례

STEM이 궁금해요 6
일어나요, 일어나! 8
추를 만들어 봐요 10
토스터가 빵을 굽는 비법! 12
회로 만들기 14
생물공학적 아침 식사? 16
효모의 대활약 18

효모의 비밀을 밝혀 보자!

소리는 전파를 타고 20
소리 증폭기 만들기 22
여기저기 길 찾기 24
내 위치를 찾아 줘 26
두드리고 문지르고 28
나만의 스타일러스 펜 만들기 30

필기구의 발전 ········· 32
잉크를 탐구하자 ········· 34
스캐너는 정말 대단해! ········· 36
나만의 바코드 만들기 ········· 38
휴대 전화는 어디에나 있어요 ········· 40
전파를 막아 신호를 끊어요 ········· 42
즐거운 간식 시간! ········· 44
전자레인지로 가열하기 ········· 46

암호 같은 바코드를 풀어 보자!

청소를 도와요 ········· 48
진공청소기로 변신! ········· 50
알고 보면 참 단순한 기계 ········· 52
도르래로 물건 들어 올리기 ········· 54
자기 전에 이 닦기! ········· 56
전동 칫솔이 더 좋을까? ········· 58
기술은 어디에나 있어요! ········· 60
퀴즈 시간! ········· 61
정답 ········· 62

STEM이 궁금해요

STEM은 우리 주변 어디에나 있어요. 하지만 꽃의 줄기(stem)를 말하는 건 아니에요! 과학(Science), 기술(Technology), 공학(Engineering), 수학(Mathematics)의 줄임말이랍니다.

자전거를 타거나 전자레인지에 간식을 데우거나 라디오를 들어 본 적이 있나요? 그렇다면 여러분은 벌써 STEM을 발견한 거예요. 과학자와 공학자는 오래전부터 자신들이 세상에 대해 이해한 내용을 바탕으로 우리가 매일 사용하는 도구, 구조, 과정 등을 발전시켜 왔답니다.

세상이 어떻게 돌아가는지 궁금한가요? 질문을 하고 새로운 아이디어를 시험해 보기를 좋아하나요? 어쩌면 패턴을 찾아내고, 문제를 해결하고, 원리를 발견하는 데 소질이 있는 사람도 있을 거예요. 한 번 해 봐서 잘 안 되면 다른 방법으로 다시 해 본다고요? 그렇다면 여러분은 STEM이 만들어 온 세상을 좋아하게 될 거예요.

기술은 STEM의 네 가지 분야
가운데 하나예요.
쓸모 있는 기기를 만들고
새로운 방법을 찾는 거지요.
기술은 바퀴나 연필처럼
단순할 수도 있고
슈퍼컴퓨터나 비행기처럼
복잡할 수도 있어요.

기술이 없으면 우리는 살아가기 어려울 거예요. 기술은 우리가 일을 더 쉽고 즐겁게 하도록 해 주지요. 또 다른 사람과 연결해 주는 도구도 있어요. 조금만 알고 나면 가는 곳마다 기술이 적용된 사례를 발견할 거예요!

STEM의 다른 분야는 무슨 일을 할까요? 과학은 자연 세계에 대해 알아보고 그와 관련 있는 모든 수수께끼를 조사하는 일이에요. 공학은 구조물, 기계 제작과 관련 있는 문제를 해결하는 일이고요. 수학은 숫자와 도형을 공부하는 거예요. 이 과목들이 합쳐져 엄청난 것을 탐험하고 만들어 내지요!

STEM의 네 가지 분야

과학   기술   공학   수학

일어나요, 일어나!

삐! 새로운 하루가 시작되었다고 알려 주는 알람 덕분에 우리는 학교에 늦지 않게 갈 수 있어요. 우리는 시계가 있는 것을 당연하게 여기지만 알고 보면 시계는 매우 유용한 기술 작품이랍니다.

아날로그시계   디지털시계

시계는 크게 아날로그시계와 디지털시계 두 가지로 나뉘어요. 아날로그시계는 바늘로 시계의 숫자나 선을 가리켜 시간을 알려 줘요. 디지털시계는 '10:15'처럼 시간을 숫자로 알려 주고요.

톱니바퀴

시계마다 그 속은 전혀 다를 수 있어요. 어떤 시계에는 바늘을 움직이는 톱니바퀴(서로 맞물린 바퀴)와 태엽(얇고 긴 강철 띠를 돌돌 말아 그것이 풀리는 힘으로 움직이게 하는 장치)이 들어 있어요. 이런 시계들은 건전지를 갈아 주거나 아니면 가끔 태엽을 감아 주어야 해요.

어떤 시계는 흔들리는 추를 이용해 톱니바퀴를 정확한 빠르기로 움직이게 해요.

현대식 시계는 쿼츠라고 하는 수정을 이용해 시간을 나타내요. 건전지는 수정에 전류를 흘려보내요. 전류는 수정을 진동하게 하거나 빠르게 왔다 갔다 하게 만들지요. 쿼츠는 항상 같은 속도로 진동해요. 그래서 전자 회로가 쿼츠의 초당 진동수를 이용해 시간을 계산하지요.

사람들은 시계가 발명되기 전에는 다른 방법으로 시간을 계산했어요. 해시계는 태양이 하늘에 떠 있는 동안 드리운 그림자로 시간을 알려 주었어요. 물시계는 흐르는 물로, 모래시계는 흘러내리는 모래로 시간을 계산했고요. 양초가 타서 줄어드는 길이로 시간을 헤아리는 양초시계도 있었답니다!

9

추를 만들어 봐요

준비물
- 끈
- 가위
- 연필과 종이
- 책상
- 무거운 책 2~3권
- 쇠로 된 암나사나 와셔
- 스톱워치
- 자
- 도와줄 친구

추는 끈에 매달려 자유롭게 왔다 갔다 흔들리는 무게가 있는 물체예요. 완벽하게 작동하는 추로 시간을 알아내지요. 어떻게 그럴 수 있는지 다음 실험으로 알아보아요!

이렇게 만들어요

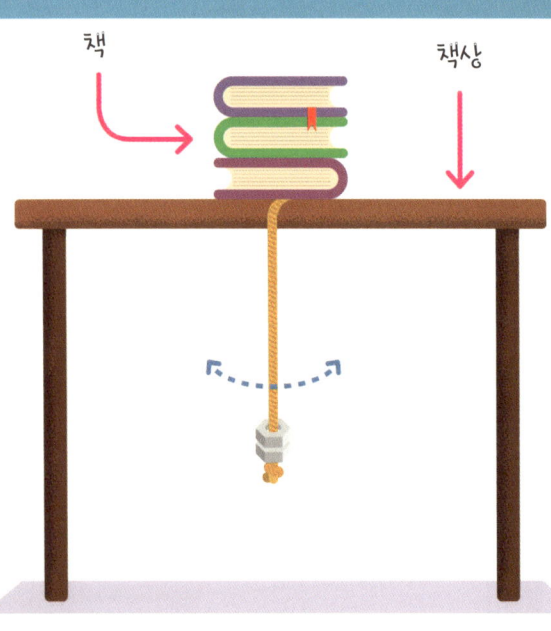

책 → / 책상 →

1 끈을 약 60센티미터 길이로 잘라요.

2 암나사나 와셔 몇 개를 끈의 한쪽 끝에 묶어요.

3 추가 달린 끈의 다른 쪽 끝을 책상에 올리고 책으로 눌러 고정하면 추는 자유롭게 흔들려요.

4 추를 40센티미터쯤 당겼다가 놓아요. 친구에게 초시계로 1분을 재달라고 하고, 추가 왔다 갔다 하는 횟수를 세어 적어요.

5 이번에는 추를 20센티미터쯤만 다시 당겼다가 놓아요. 1분간 왔다 갔다 하는 횟수를 세어요. 앞에서 센 횟수와 같은가요, 다른가요?

6 추가 1분에 60번 왔다 갔다 하도록 끈 길이를 조절해요.

추가 한 번 왔다 갔다 하는 데 걸리는 시간은 추를 잡아당긴 길이와 관계없이 늘 똑같아요. 끈 길이를 다르게 해야만 흔들리는 속도도 달라진답니다.

함께 풀어 보아요

아날로그시계와 디지털시계는 다양한 방법으로 시간을 알려 줘요. 다음의 아날로그시계들이 가리키는 시간을 알아보고 디지털시계가 같은 시간을 나타내도록 빈 곳을 색칠해요.

예시

1.

2.

3.

4.

정답은 책 뒤쪽에.

토스터가 빵을 굽는 비법!

아침 식사로 토스터에 빵을 구워 먹은 적이 있나요? 그럼 단순하지만 영리한 기술 작품을 사용한 거예요. 토스터는 전류를 이용해 열을 내요.

전류는 전하가 연속해서 흐르는 현상을 말해요. 전선 안에서는 전자라고 하는 작은 입자가 전하를 운반해요. 어떤 물질에서는 전자가 자유롭게 움직여 전류를 아주 잘 흐르게 하지만, 다른 물질에서는 전자의 움직임이 그다지 자유롭지 않아 전류가 조금만 흐르거나 아예 흐르지 못하지요.

전자는 전선이 회로라고 하는 닫힌 고리 형태일 때만 움직여요. 토스터 안쪽을 보면 각 면에 전선이 줄지어 있지요. 이것이 토스터 안에서 모두 이어져 하나의 전기 회로를 이룬답니다.

손잡이

전선

회로를 흐르는 전류

조심! 토스터 안에는 아무것도(특히 손가락) 집어넣지 마세요. 전류가 몸으로 흘러 아주 끔찍한 충격을 준답니다!

주황색이면 뜨겁다는 거야!

토스터 안의 전선은 얇아서 전자가 움직일 공간이 충분하지 않아요. 그래서 전자끼리는 물론 금속의 원자와도 서로 부딪치지요. 그럼 전선이 짙은 주황빛이 되면서 열을 내는데 우리는 이 열로 빵을 구워요.

주전자에 담긴 뜨거운 물을 따를 때는 꼭 어른의 도움을 받아요!

전기 주전자도 비슷한 방식으로 작동해요. 주전자 바닥의 금속 코일에서 발생하는 열로 물이 끓으면 코일이 움직이면서 주전자 스위치가 저절로 꺼져요. 이제 차 마실 시간이에요!

회로 만들기

준비물
- 연필과 종이
- D 건전지 1개
- 소형 전구 1개(손전등에 넣는 것)
- 플라스틱으로 코팅한 구리선
- 전기 테이프
- 잘 드는 가위
- 도와줄 어른

토스터, 주전자나 기타 전기 기구 안에는 전류가 흐르는 닫힌회로가 있어요. 우리는 다음과 같이 하면 전구에 불을 밝히는 회로를 만들 수 있어요.

잘 드는 가위! 조심!

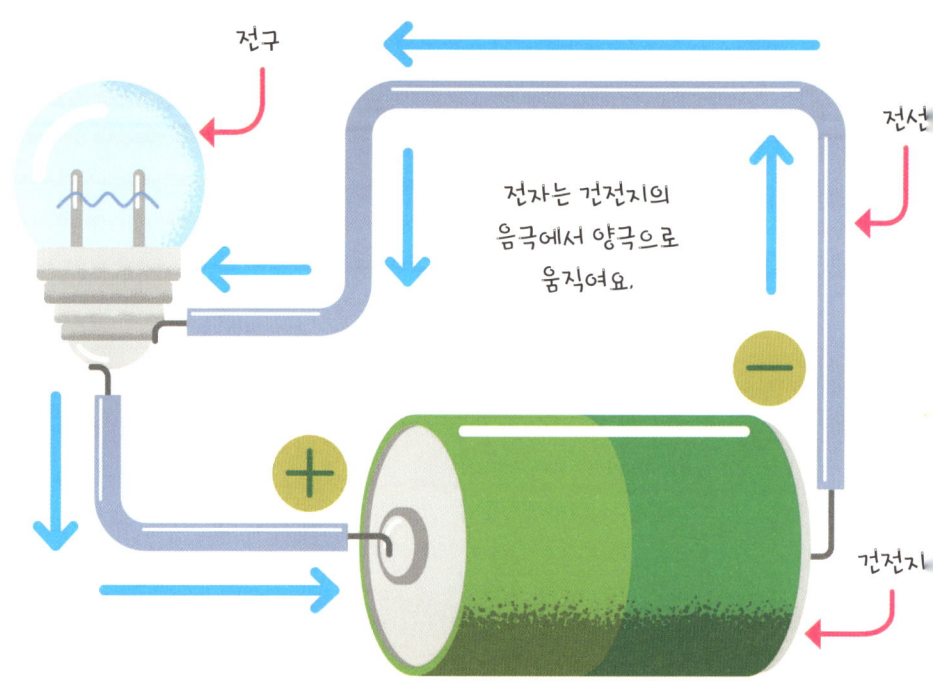

이렇게 만들어요

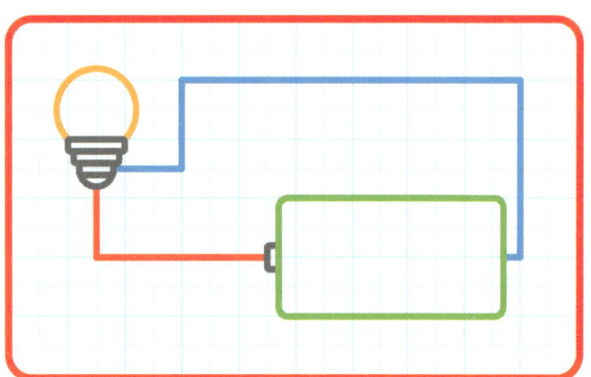

1 종이에 회로를 그려요. 전선 하나는 건전지에서 전구로, 다른 하나는 전구에서 건전지로 이어서 고리 모양으로 그려야 해요.

2 어른의 도움을 받아 구리선을 이등분한 다음 각 선의 양쪽 끝부분에서 플라스틱 코팅을 1센티미터쯤 벗겨요.

3 전선 하나의 한쪽 끝을 건전지 맨 위의 튀어나온 부분(양극 단자)에 붙여요. 다른 쪽 끝은 전구 아래쪽 금속 부분에 붙여요.

4 다른 전선의 한쪽 끝을 건전지의 반대편 끝(음극 단자)에 붙여요.

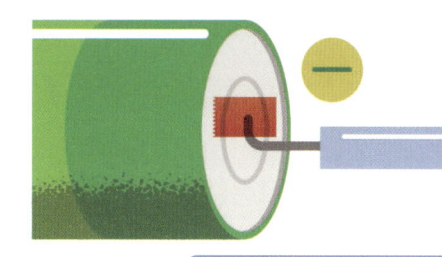

5 4번 전선의 다른 쪽 끝 플라스틱 코팅된 부분을 잡아 전구의 금속 부분에 대요.

플라스틱 코팅된 부분을 잡아야 해!

전선을 전구에 대면 회로가 완성되어(전자들이 전선의 짧게 닿은 부분을 통해 전구로 흘러들어요) 전구에 불이 들어와요. 전선을 떼면 회로가 끊어져 전구의 불이 꺼져요.

 ## 함께 풀어 보아요

아침에 무엇을 먹나요? 꼬인 선을 따라가 각 토스터에서 어떤 음식이 만들어졌는지 알아보아요.

정답은 책 뒤쪽에.

생물공학적 아침 식사?

빵과 요구르트는 단순한 음식처럼 보이지만 사실은 두 가지 모두 살아 있는 재료로 만든 생물공학적 음식이랍니다.

근육 세포

우리 몸은 세포라고 하는 구성 요소 수조 개로 이루어져 있어요. 물론 세포가 딱 한 개만 있는 생물도 있지요. 이런 미생물은 너무 작아서 현미경으로만 볼 수 있는데 그중에는 아주 쓸모 있는 미생물도 있답니다.

현미경

빵 재료 중 하나가 살아 있다는 사실을 알았나요? 제빵사는 반죽을 부풀리려고 효모라는 단세포 균을 사용해요. 효모는 반죽 속에서 따뜻한 물과 섞이면 거품이 일어나면서 움직임이 활발해져요. 어떤 원리에 따라 그렇게 되는지 알아볼까요?

현미경으로 본 효모 세포

반죽 속 효모

반죽 속 거품

효모 세포는 반죽에서 밀가루를 먹고 이산화 탄소라는 기체를 밖으로 내보내요. 이산화 탄소로 만들어진 작은 거품은 반죽 속에 갇혀요. 효모가 점점 더 많은 이산화 탄소를 내보내면서 반죽이 부풀어 오르는 거예요.

빵을 자르면 이산화 탄소 기포들 때문에 생긴 구멍이 보일 때가 있어요.

구멍

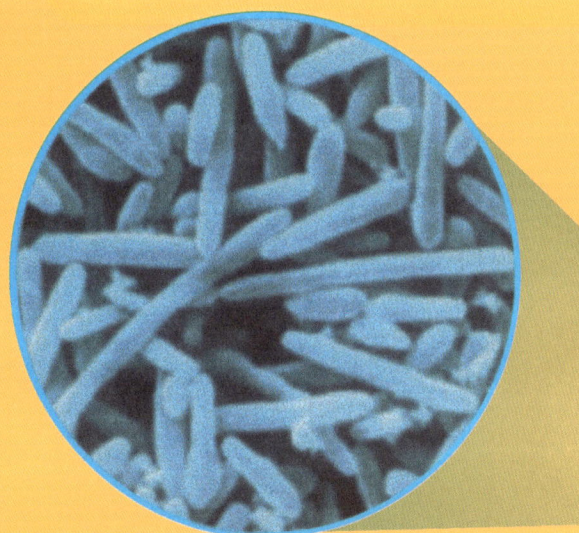

요구르트에 들어 있는 세균은 핀의 뾰족한 끝보다 훨씬 더 작아서 현미경으로만 볼 수 있어요.

요구르트를 만들 때는 다른 단세포 미생물(세균)을 사용해요. 공장에서는 우유에 세균을 넣는데, 이 세균은 우유에 들어 있는 유당이라는 달콤한 물질을 먹어요. 그러면 유당은 젖산이라는 신맛이 나는 물질로 변하고, 이 젖산이 우유의 맛과 질감을 바꾸어 요구르트로 만들어요!

효모의 대활약

준비물

- 도와줄 어른
- 강력분 500그램
- 소금 1작은술
- 건조 효모 2작은술
- 소프트 버터 30그램
- 우유 75밀리리터
- 물 225밀리리터

여러분만의 둥근 빵을 만들어요. 효모를 넣어 반죽이 잘 부풀어 오르게 해요.

이렇게 만들어요

1 강력분, 소금, 효모를 볼에 넣어 섞어요.

2 여기에 버터를 넣고 빵 부스러기처럼 될 때까지 손으로 비벼 섞어요.

3 물과 우유를 섞어 전자레인지에서 살짝 데운 다음 볼에 부어요.

4 모두 고루 섞은 뒤 반죽을 공 모양으로 만들어요.

5 작업대에 밀가루를 뿌리고 반죽을 10분간 치대요.

6 깨끗한 볼에 반죽을 담고 마른 천을 씌워 따뜻한 곳에 한 시간 정도 두어요.

7 반죽이 잘 부풀어 오르면 주먹으로 치댄 다음 8조각으로 나눠요. 각 조각을 굴려 공 모양으로 만들어요.

8 오븐용 쟁반에 공 모양 반죽을 놓고 다시 한 시간 정도 부풀려요.

9 어른의 도움을 받아 오븐을 220도로 미리 가열해요.

10 8~10분간 구워요.

이제 우리가 만든 빵을 맛있게 먹어요. 효모가 반죽을 불룩하게 부풀린다는 걸 알았나요?

함께 풀어 보아요

아래 표에서 빵, 요구르트와 관련 있는 말을 모두 찾을 수 있나요?

- 세균(BACTERIA)
- 생물공학(BIOTECHNOLOGY)
- 빵(BREAD)
- 이산화 탄소(CARBON DIOXIDE)
- 세포(CELLS)
- 반죽(DOUGH)
- 균(FUNGUS)
- 젖산(LACTIC ACID)
- 유당(LACTOSE)
- 미생물(MICROORGANISM)
- 우유(MILK)
- 노폐물(WASTE PRODUCT)
- 효모(YEAST)
- 요구르트(YOGHURT)

C	G	I	F	M	Y	U	Z	O	P	F	J	Y	N
K	B	I	O	T	E	C	H	N	O	L	O	G	Y
S	R	H	F	C	A	A	K	Y	B	A	I	L	O
P	E	X	Q	L	S	R	J	B	E	C	V	R	G
D	A	S	N	T	T	B	F	Z	O	T	U	N	H
X	D	O	U	G	H	O	S	H	T	O	B	C	U
N	Q	C	G	M	P	N	W	I	K	S	Z	E	R
U	D	G	E	H	J	D	A	V	S	E	O	L	T
W	E	N	U	Y	T	I	G	J	L	I	B	L	X
A	M	I	C	R	O	O	R	G	A	N	I	S	M
F	R	A	V	H	T	X	N	U	X	W	O	B	I
U	O	L	A	C	T	I	C	A	C	I	D	T	L
N	H	B	T	C	E	D	H	G	L	U	A	B	K
G	F	W	A	S	T	E	P	R	O	D	U	C	T
U	Y	V	K	E	G	I	P	V	F	T	A	P	M
S	K	E	N	A	B	A	C	T	E	R	I	A	S

정답은 책 뒤쪽에.

소리는 전파를 타고

예, 예, 예!

짝! 쿵! 쿵! 짝!

차를 타고 어디를 갈 때 라디오를 듣나요? 라디오는 공중에 떠다니는 전파라는 보이지 않는 신호를 잡아 우리에게 들리는 소리로 바꾼답니다.

소리는 빛이나 열과 같은 일종의 에너지예요. 물체가 진동할 때 소리가 나지요. 그 진동이 음파가 되어 공중에 스며들어요. 음파가 공중을 돌아다니다가 우리 귀에 들리는 거랍니다.

라디오는 직접 소리를 만들어 내는 것이 아니라 먼저 신호를 잡아요. 라디오 방송국에서는 음파를 전기 신호로 바꾸어 전파로 부호화한 뒤 안테나 탑을 통해 전송하지요. 라디오에는 전파를 전송받는 안테나가 달려 있어요. 라디오는 받은 신호를 다시 소리로 바꿔 들려주는 거예요.

안테나 탑

디제이가 라디오 방송을 하면 그 목소리의 음파가 전기 신호로 바뀌는데, 이것이 전파로 부호화해서 공중으로 보내져요.

방송 중 ▶

1 디제이의 목소리는 음파가 되어 퍼져요. 음파는 전기 신호로 바뀌어 전파로 부호화하고요.

2 전파는 안테나 탑에서 보내져요.

3 라디오의 안테나가 전파를 잡아 부호를 풀어 음향 신호를 만들어요. 라디오 스피커에서 우리가 들을 수 있는 소리가 나와요.

라디오가 받는 신호는 매우 약해요. 라디오는 더 큰 소리를 내려고 신호를 증폭(증대)하지요. 그 소리는 유연한 재료로 만들어진 원뿔형 진동판이 달린 스피커로 전달되고요. 그 진동판이 진동하며 만들어 낸 강력한 음파가 공중으로 퍼지며 우리 귀에까지 들리는 거랍니다.

소리 증폭기 만들기

준비물

- 도와줄 어른
- 작은 라디오
- 라디오를 넣을 큼직한 그릇 (도자기 볼, 유리병, 반으로 자른 플라스틱병 등)이나 종이
- 가위
- 테이프
- 연필

라디오와 스테레오는 음향 신호를 증폭해 소리를 더 쉽게 들을 수 있도록 해 줘요. 하지만 소리가 커지게 하려고 값비싼 스피커를 살 필요는 없어요. 집 안에 있는 몇몇 물건으로 라디오 소리를 커지게 할 수 있으니까요!

이렇게 만들어요

1 라디오를 켜요. 소리가 얼마나 크고 분명한지 들어 봐요.

2 라디오가 완전히 들어갈 만한 큰 유리병이나 도자기 볼 같은 그릇에 라디오를 넣어요.

3 라디오를 어떤 그릇에 넣을 때 소리가 더 커졌는지 결과를 적어요. 어떤 그릇에 넣으니 소리가 약해졌나요?

4 긴 종이 한 장이나 얇은 카드를 라디오 스피커 테두리에 원뿔형으로 감싸요. 라디오 소리의 크기를 적어요. 무엇을 알게 되었나요?

증폭기의 재료와 모양에 따라 다른 결과가 나온다는 사실을 알았을 거예요. 도자기 볼은 표면이 단단하고 모양이 둥글어 음파를 흡수하거나 밖으로 내보내지 않고 반사하므로 소리가 증폭된답니다.

 ### 함께 풀어 보아요
가게에 진열해 놓은 라디오는 생김새가 다 다르지만 대부분 같은 부품으로 이루어져 있어요. 모든 라디오에는 동력원, 안테나, 조정 다이얼이 있지요. 안에는 소리를 증폭하는 스피커가 있고요. 아래 두 라디오에서 다른 점 5가지를 찾을 수 있나요?

여기저기 길 찾기

짜잔!

학교 가는 길이야 잘 알겠지만 처음 가 보는 길은 어떤가요? 부모님은 아마 차에서 내비게이션을 이용하실 거예요. 이 놀라운 기술은 우리에게 길을 알려 주려고 우주에 떠 있는 인공위성을 이용합니다.

스마트폰이나 위성 내비게이션에는 지도가 깔려 있어요. 한 장소에서 다른 장소로 가는 가장 빠른 길을 찾도록 도와주는 복잡한 프로그램도 들어 있고요. 하지만 길을 찾으려면 먼저 우리가 어디 있는지 그 장치가 알아야 해요! 우리 위치는 저 높이 있는 우주의 궤도를 도는 위성에서 신호를 받아 알아낸답니다.

지구 주위의 궤도를 도는 내비게이션 위성은 총 30개 정도 있어요. 위성은 각기 다른 궤도를 따라 고리 형태로 돌지요. 그래서 우리는 어디에 있든 언제나 적어도 위성 3개의 범위 안에 있게 된답니다.

1 위성은 믿기 힘들 만큼 빠르게 이동하는 전파 형태의 신호를 보내요. 스마트폰이나 내비게이션은 신호가 도달하는 시간을 계산하지요. 그러면 위성이 얼마나 멀리 떨어져 있는지 알아낼 수 있어요.

2 위성 하나로는 우리가 어디에 있는지 알 수 없어요. 우리는 지구 표면에 위성으로부터 정확히 같은 거리에 있는 큰 원형의 궤적을 그려 볼 수 있을 뿐이죠. 하지만 또 다른 위성으로부터의 거리를 알아내 다른 원을 그리면, 그 둘은 오직 두 지점에서만 교차하게 돼요.

3 세 번째 위성까지 더해지면 우리가 어디에 있는지 정확히 찾아낼 수 있어요. 세 위성에서 같은 거리에 있는 원들이 만나는 곳은 지구상에 한 군데뿐이니까요. 거기가 바로 우리가 있는 곳이랍니다!

준비물

- 도와줄 어른
- 그래프용지나 모눈종이
- 연필
- 컴퍼스

뾰족한 컴퍼스! 조심!

내 위치를 찾아 줘

위성 내비게이션이 위치를 정확히 찾아내는 방식을 삼변 측량술이라고 해요. 위성망이 없어도 삼변 측량술을 시도해 볼 수 있어요! 연필과 종이를 이용하는 간단한 방법으로 말이지요.

이렇게 만들어요

1 그래프용지에서 네 모눈이 만나는 곳에 점을 하나 찍어요. 이것은 우리 위성 중 하나를 나타내요.

2 점에서 오른쪽으로 12칸, 위로 3칸 간 곳에 다른 점을 찍어요.

3 첫 번째 점에서 오른쪽으로 9칸, 아래로 13칸 간 곳에 또 다른 점을 찍어요. 그럼 위성이 세 개지요.

4 어른의 도움을 받아 컴퍼스의 뾰족한 끝을 첫 번째 점에 올린 다음 9칸 너비로 벌려 원을 그려요.

5 컴퍼스 끝을 두 번째 점에 올린 다음 5칸 너비로 벌려 원을 그려요.

6 컴퍼스 끝을 세 번째 점에 올린 다음 12칸 너비로 벌려 원을 그려요.

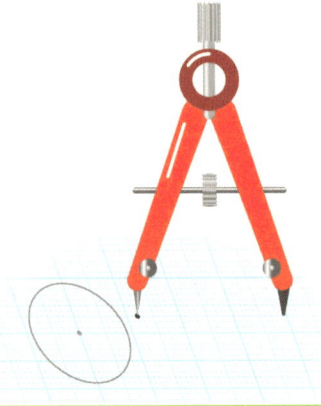

7 세 원이 만나는 지점이 하나 생길 거예요. 우리 위치를 정확히 찾았어요!

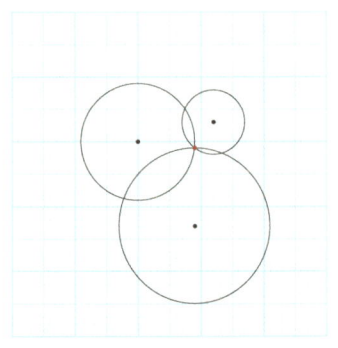

함께 풀어 보아요

휴가를 가고 있어요! 캠핑장까지 가는 길을 찾을 수 있나요? 내비게이션이 고장 나면 길을 직접 찾아야 해요. 목적지까지 가는 길을 찾아보아요. 길을 잘못 들지 않게 조심하고요!

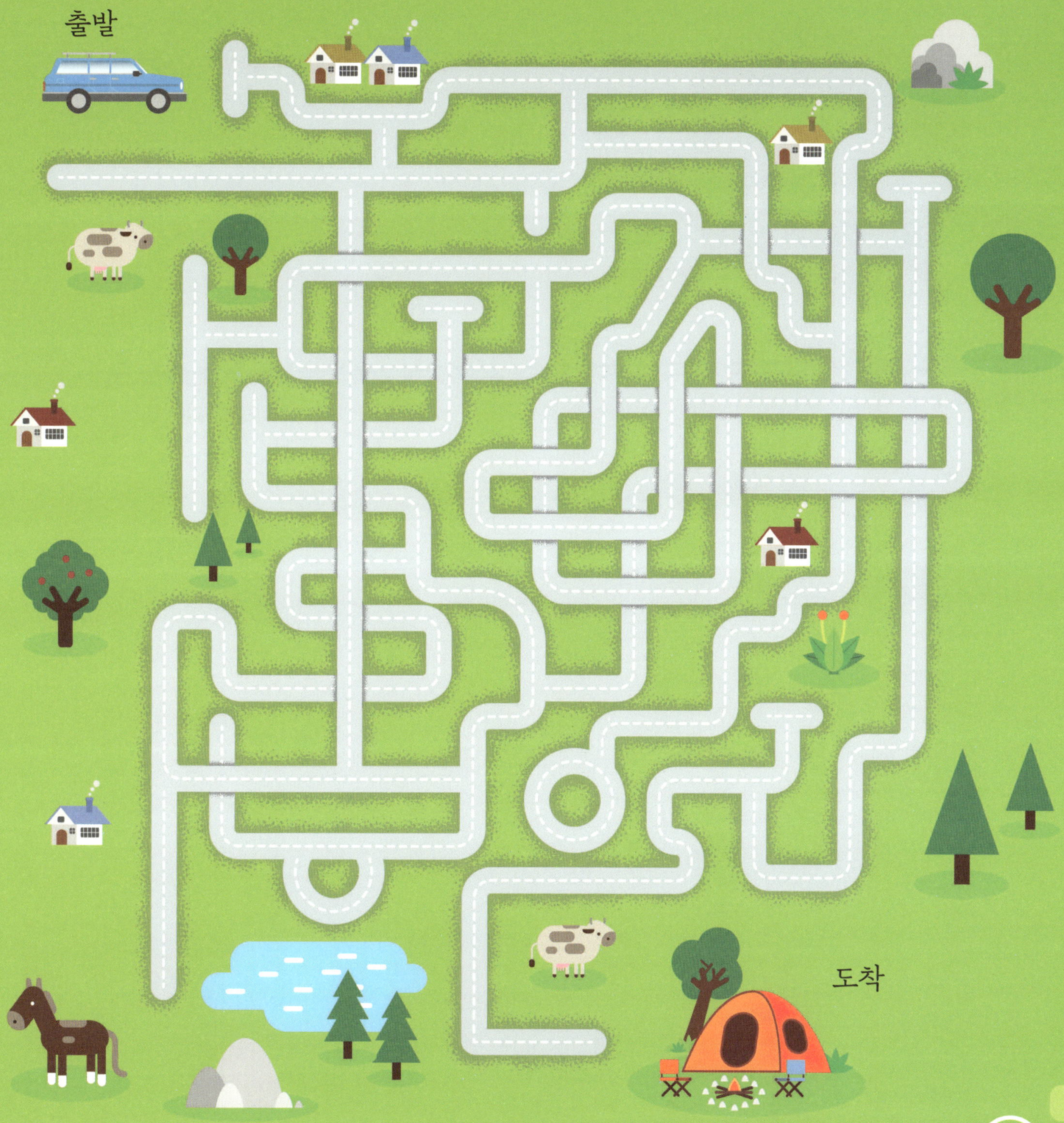

출발

도착

정답은 책 뒤쪽에.

두드리고 문지르고

여러분은 태블릿 컴퓨터를 사용해 본 적이 있나요? 태블릿은 두드리고, 문지르고, 오므리는 등 만지면 작동하는데, 도대체 그 속에서는 무슨 일이 벌어지고 있을까요?

태블릿 화면에는 터치스크린을 씌워요. 터치스크린은 스크린에 닿은 손가락의 위치 같은 정보를 받아 제어 센터로 보내요.

발가락으로 건드려도 작동할까?

키보드와 마우스도 그와 비슷한 일을 해요. 하지만 터치스크린은 평평하고 속이 비치므로 우리가 화면을 다 볼 수 있어요.

보호막 · 유리 · 투명 전극막

태블릿에는 대부분 손가락에 흐르는 미세한 정전기로 작동하는 정전 용량식 터치스크린을 사용해요. 이것은 얇은 유리 여러 층과 또 다른 재료로 만들어요. 전류는 스크린 안에서 교차하는 작은 전선들 사이로 흘러요.

손가락은 전하를 보유할 수 있으므로 화면에 손가락을 대면 전류에 영향을 주어요. 태블릿 속의 전기 회로는 어느 지점을 건드렸는지 알아내서 그 정보를 태블릿의 주 처리 장치로 보내요. 태블릿은 이런 방법으로 손가락 위치를 알아내요!

정전 용량식 터치스크린은 압력이 아닌 전기적 변화로 작동하므로 누르는 힘과 아무 관계가 없어요. 툭 건드리는 것만으로 충분하답니다!

장갑은 자유롭게 돌아다니는 전하를 보유할 수 없어서 장갑을 끼고 건드리면 터치스크린이 작동하지 않아요.

장갑

흥!

컴퓨터에 정보나 지시를 제공하는 걸 입력이라고 해요. 스크린을 건드리는 것 역시 입력의 한 방법이지요. 키보드로 타자를 하거나, 마우스를 클릭하거나, 목소리로 명령을 내릴 수도 있어요. 오래전에는 구멍이 여러 개 뚫린 카드를 집어넣는 방식으로 컴퓨터에 입력했답니다.

카드

탁 탁 탁 탁

딸깍 딸깍

마우스

키보드

나만의 스타일러스 펜 만들기

준비물
- 볼펜 1개
- 면봉 1개
- 가위
- 테이프
- 알루미늄 포일
- 물
- 태블릿이나 스마트폰

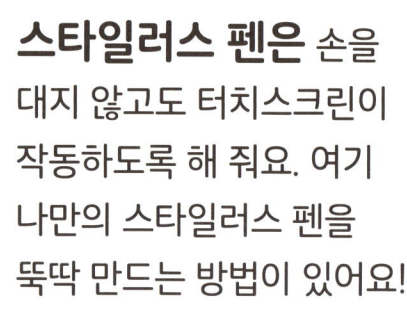

스타일러스 펜은 손을 대지 않고도 터치스크린이 작동하도록 해 줘요. 여기 나만의 스타일러스 펜을 뚝딱 만드는 방법이 있어요!

이렇게 만들어요

1 볼펜을 돌려 심을 빼요.

2 면봉을 반으로 잘라요.

3 면봉을 볼펜 끝에 집어넣어요. 잘 안 들어가면 면봉 끝을 비스듬히 잘라요.

4 테이프로 면봉을 붙여 고정해요. 이때 테이프가 면봉의 부드러운 부분을 덮지 않도록 해요.

5 알루미늄 포일을 5×5센티미터 크기로 네모나게 잘라요. 포일로 면봉과 펜 목 부분을 감싸요. 포일이 면봉의 부드러운 끝에 반드시 닿아야 하지만 완전히 감싸면 안 돼요.

6 포일이 움직이지 않게 테이프로 붙여요.

7 면봉 끝에 물을 한 방울 떨어뜨려요. 흠뻑 젖지 않고 촉촉한 상태가 되어야 해요.

8 나만의 스타일러스 펜으로 스마트폰이나 태블릿에 글자를 써요. 이때 반드시 손가락이 포일에 닿아야 해요! 하다가 잘 안 되면 물을 더 묻혀요.

물과 알루미늄 포일은 자유롭게 돌아다니는 전하를 보유해요. 그래서 젖은 면봉에 닿은 포일을 만지면 전하가 물과 포일을 통해 몸으로 이동해요. 움직이는 전하 덕분에 터치스크린이 작동하는 거랍니다.

함께 풀어 보아요

내가 앱 개발자라면 어떤 앱을 만들고 싶나요? 터치스크린을 이용해서 어떻게 앱을 만들까요? 내가 생각하는 최고 아이디어 세 가지를 간단하게 설명해요. 그리고 각각의 아이콘을 디자인해요.

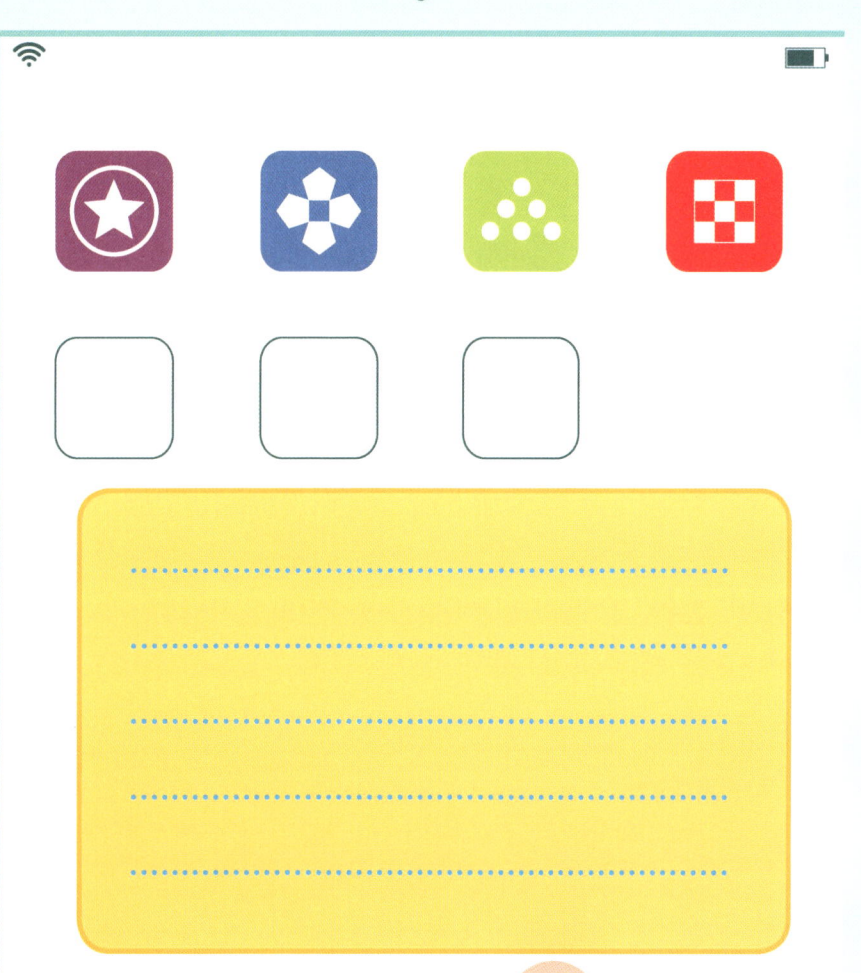

필기구의 발전

엉망이군! 다시 써야겠어!

글자를 쓸 때 펜만큼 좋은 물건은 없을 거예요. 볼펜부터 펠트펜까지 펜은 우리 생각을 가장 깔끔하게 종이에 적을 수 있게 해 주지요.

전에는 깃이나 갈대(속이 빈 줄기)를 액체 잉크에 담갔다가 꺼내 글자를 썼어요. 하지만 펜을 계속 잉크에 담가야 하는 데다 잉크가 마르기 전에 얼룩이 져서 엉망이 되기 일쑤였지요. 1800년대에 발명가들은 만년필을 완성했어요. 만년필에는 다시 채워 쓸 수 있는 잉크통이 있어서 펜을 계속 잉크에 담글 필요가 없었답니다.

1930년대에 라슬로 비로(Laszlo Biro)라는 발명가는 만년필에서 나온 얼룩을 닦는 데 지쳤어요. 신문에 사용하는 점도 높은 잉크가 빨리 마른다는 사실을 알았던 그는 그 잉크를 이용하는 펜을 고안했어요. 끝에 달린 작은 금속 볼이 이리저리 구르며 잉크를 바르는 방식으로 글자를 썼지요. 이것이 바로 볼펜이랍니다.

금속 볼

잉크 관

펠트펜은 색칠, 그림 그리기는 물론 강조 표시를 할 때 쓰면 편해요. 속이 빈 플라스틱 펜대와 부드러운 섬유로 된 펜촉으로 이루어져 있지요. 안을 들여다보면 섬유로 된 펜 끝이 잉크가 채워진 원통형 관에 잠겨 있어요. 액체 잉크는 그 섬유를 따라 펜촉까지 이동해요. 이 잉크에는 알코올이 들어 있어서 종이에 썼을 때 빨리 마르지요.

잉크는 색을 내는 안료나 염료를 함유한 액체 또는 고체 형태의 물질이에요. 안료는 색채가 있는 미세한 고체 입자이고 염료는 액체에 녹는 색채가 있는 물질이에요. 안료와 염료는 펜의 잉크뿐만 아니라 페인트와 의류의 색을 내는 데도 쓰입니다.

색색의 안료

내 티셔츠에 사용한 염료 좀 봐!

잉크를 탐구하자

준비물

- 종이 커피 필터(또는 키친타월)
- 가위
- 여러 가지 색의 수성 펠트펜들
- 큼직한 유리컵이나 잼 병
- 연필
- 클립
- 물
- 신문지

색채가 있는 잉크는 대개 여러 가지 색으로 이루어져 있는데, 크로마토그래피라는 방법으로 그 색들을 분리할 수 있어요.

이렇게 만들어요

1 작업대를 신문지로 덮어요.

2 커피 필터를 길이 약 10센티미터, 너비 2센티미터 크기로 잘라요. 수성 펠트펜 한 개당 필터가 한 장 필요해요.

3 필터 한 장의 끝부분을 연필에 말아 클립으로 고정해요.

4 연필을 유리컵 위에 놓고 필터를 컵 안에 늘어뜨려요. 필터가 너무 길면 잘라서 컵 바닥에 닿지 않게 해요.

5 필터를 꺼내 밑에서 약 1센티미터 지점에 잉크를 한 방울 찍은 다음 다시 컵 안에 넣어요.

6 물을 종이 밑 부분에 살짝 닿을 정도로만 조심스럽게 부어요.

7 물이 필터에 서서히 스며 올라오는 모습을 지켜보아요. 물이 필터 윗부분에서 1~2센티미터 지점까지 올라왔을 때 필터를 빼내요.

8 다른 펜들을 이용해 3~7번 이 과정을 반복해요.

필터에 다양한 색깔이 보일 거예요. 물이 잉크에 든 여러 가지 색을 분리해 낸 거예요.

함께 풀어 보아요

펜은 모양도 크기도 다양해요. 아래 그림의 펜들은 각자 짝이 있어요. 딱 한 개만 빼고요. 짝이 없는 펜을 찾을 수 있나요?

정답은 책 뒤쪽에.

스캐너는 정말 대단해!

가게에 가 본 적 있나요?
가게에서 물건을 살 때 계산대에서 바코드를 스캔한 뒤 계산을 하게 되지요. 그런데 스캐너는 어떻게 작동할까요?

가게에서는 대부분 판매 상품의 기록이 담긴 자료를 가지고 있어요. 이 자료로 모든 상품의 가격과 재고를 파악하지요. 상품마다 고유 번호가 있는데 그게 바로 바코드가 있는 이유예요. 이 흑백의 막대들은 상품의 고유 번호를 알려 주는 하나의 방식이랍니다.

숫자는 각각 흑백 줄 일곱 개로 표시되지요. 같은 색 줄이 2개 이상 붙어서 굵은 선이 되기도 하고요. 예를 들어 '3'을 나타내는 코드는 흰색 선 1줄, 검은색 선 4줄, 흰색 선 1줄, 검은색 선 1줄이에요. 검은색 선 4줄이 붙어서 굵은 검은색 선 1줄처럼 보인답니다.

계산대의 스캐너에서는 바코드에 레이저 광선을 쏘아요. 그러면 바코드의 흰색 부분은 반사되지만 검은색 부분은 반사되지 않지요. 스캐너에 내장된 컴퓨터는 빛 반사 패턴으로 인식한 바코드 번호를 상품 자료를 보유한 다른 컴퓨터로 보냅니다.

1. 바코드에 레이저 광선을 쏨.
2. 바코드의 흰색 부분에 빛이 반사됨.
3. 스캐너가 패턴을 인식함.
4. 전기 회로가 패턴을 번호로 바꿈.
5. 컴퓨터가 번호를 상품 코드로 인식함.

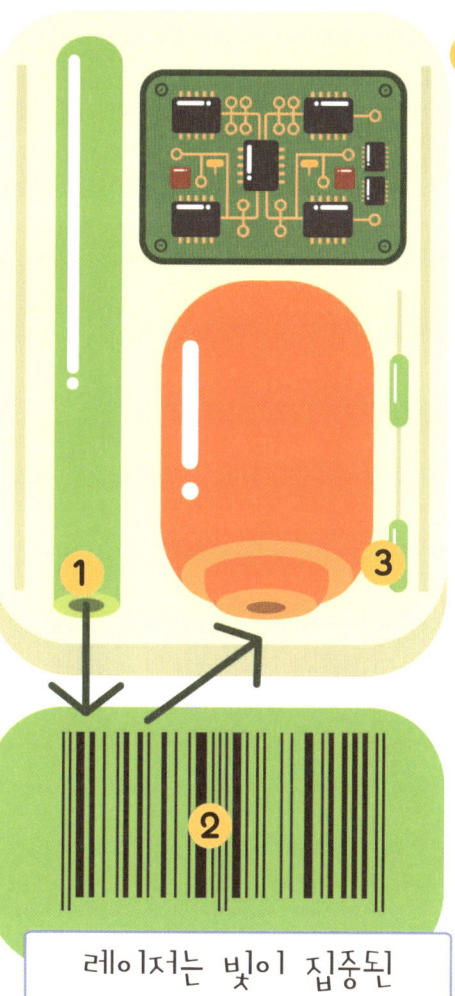
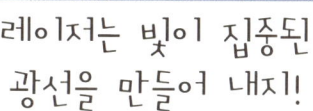

레이저는 빛이 집중된 광선을 만들어 내지!

가게의 컴퓨터 체계는 계산대에서 스캔하는 모든 상품을 파악해서 재고가 없는 상품을 알아내 더 주문할 수 있게 해 주지요.

준비물

- 칸이 작은 그래프용지
  (한 줄에 약 70칸 필요)
- 자
- 연필
- 검은색 펜
- 바코드 키(옆쪽 참조)

나만의 바코드 만들기

바코드는 코드만 알면 꽤 단순해요! 나만의 바코드를 만들어 볼까요?

끄적끄적

이렇게 만들어요

1 5~10자리 번호를 정해요. 생일이나 전화번호나 아무 숫자라도 좋아요.

2 자와 연필로 그래프용지에 길게 직선을 그어요.

3 밑으로 10칸 떨어진 곳에 또 다른 직선을 그어요. 바코드는 이 두 직선 사이에 그려질 거예요.

4 여러분이 선택한 번호의 첫 번째 숫자를 바코드 키(옆쪽)에서 찾아 그래프용지의 해당하는 선들에 연필로 표시해요. '숫자'의 너비는 7칸이어야 해요.(같은 색 선이 두 줄 이상이면 두꺼운 한 줄로 보인다는 사실을 기억해요.)

5 맞게 표시했으면 검은 선을 펜으로 색칠해요. 선들의 높이는 10칸이 되어야 해요.

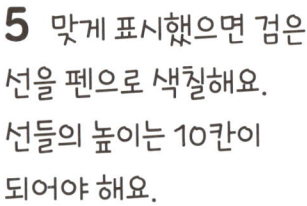

6 4~5번을 반복해 남은 숫자도 표시해요.

7 진짜 바코드처럼 바코드 선 밑에 숫자들을 적어요. 이제 스캔할 준비가 다 되었어요!

함께 풀어 보아요

비밀 메시지를 풀어 보아요! 아래 바코드 키를 이용해 이 바코드들을 숫자로 바꿔요. 그런 다음 해독기에서 각 숫자에 해당하는 글자를 찾아 메시지를 읽어 보아요. (힌트: 각 바코드 맨 앞에 흰색 줄이 있어요.)

해독기
0 = A
1 = C
2 = E
3 = I
4 = K
5 = N
6 = O
7 = R
8 = S
9 = !

여기에 정답을 적어요.

바코드 키
0 1 2 3 4 5 6 7 8 9

정답은 책 뒤쪽에.

휴대 전화는 어디에나 있어요

학교가 끝나고 집에 왔는데 엄마가 친구와 휴대 전화로 통화하는 모습을 본 적이 있나요? 전화기가 없다면 우리는 생활하기 불편했을 거예요. 그럼 이 영리한 장치는 어떻게 신호를 주고받을까요?

휴대 전화는 전파로 전달된 신호를 주고받아요. 전파는 공중에서 초당 약 30만 킬로미터로 이동하는 보이지 않는 전자파와 자기파랍니다.

휴대 전화는 전파를 직접 다른 휴대 전화로 보내지 않아요. 같은 지역에 있는 수많은 사람이 동시에 전화를 걸려고 한다면, 그 모든 전파가 서로 방해하게 되겠죠!

그 대신 휴대 전화는 셀룰러 네트워크를 이용해요. 네트워크의 각 셀에는 전파를 주고받는 기지국이 있어요.

도심 지역

교외 지역

전화하는 사람이 많은 도시의 셀은 교외 지역의 셀보다 더 작아요

2 휴대 전화는 부호화한 디지털 신호가 들어 있는 전파를 보내요. 가장 가까운 기지국에서 그 전파를 잡아요.

3 기지국은 그 디지털 신호(전파로 부호화한)를 전화 네트워크로 보내고, 여기서는 그 신호를 다시 우리의 친구와 가장 가까이 있는 기지국으로 보내요.

4 전파를 잡은 친구의 휴대 전화가 디지털 신호를 복원해 다시 우리 목소리로 바꿔요!

1 휴대 전화는 우리 목소리를 전기 신호로, 이어서 일련의 번호(디지털 신호)로 바꿔요.

일반 전화는 다른 방식으로 작동해요. 이 전화는 전선으로 연결되며, 그 전선을 따라 전기 신호가 이동하지요. 그래서 일반 전화는 플러그를 뽑아 들고 다닐 수 없어요.

41

준비물

- 무선으로 조종되는 장난감 (자동차 등)
- 연필과 종이
- 실험해 볼 재료들(알루미늄 포일, 비닐 랩, 종이, 천, 고무, 요구르트 통)
- 넓은 공간

전파를 막아 신호를 끊어요

공중에 떠다니는 전파는 보이지도, 느껴지지도 않지만 막을 수 있어요! 아래 실험으로 전파를 막는 재료들을 찾아보아요.

이렇게 만들어요

배터리 확인!

1 조종기로 장난감 자동차를 조종해 배터리가 있는지, 작동이 잘되는지 확인해요.

2 실험해 보고 싶은 재료로 조종기를 완전히(한 겹 이상) 감싸요.

안테나를 완전히 감싸기

3 조종기로 자동차를 운전해요. 작동하나요?

4 결과를 적어 두어요.

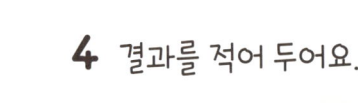

5 다른 재료로 이 실험을 2~4번 반복해요.

전파가 쉽게 통과하는 물질(공기 등)이 있어요. 어떤 물질은 전파가 쉽게 통과해 자동차가 잘 움직이는 모습을 확인했을 거예요. 반면 포일 같은 일부 물질은 전파를 막고 안테나로 반사해요.

즐거운 간식 시간!

저녁을 먹으려면 더 있어야 하니까 전자레인지에 간식을 데워요. 아주 영리한 기술이 적용된 이 금속 상자는 음식을 빠르고 안전하게 데운답니다. 띵!

피자!

일반적인 전기 오븐은 토스터와 전기 주전자에 사용하는 것과 비슷한 발열체를 가지고 있어요. 이 발열체는 상자 전체를 가열해 밖에서 들어온 음식을 서서히 데우지요. 하지만 전자레인지는 전혀 달라요. 음식에 에너지파를 직접 보내 골고루 가열해서 빠르고 고르게 조리되도록 해 줘요.

세상은 전자파와 자기파로 가득 차 있어요. 어떤 것은 빛으로 눈에 보이고 어떤 것은 열로 느껴지지요. 하지만 보이지도, 느낄 수도 없는 것이 훨씬 더 많아요. 마이크로파도 그중 하나예요. 전파와 비슷하지만 더 세밀하답니다.

전자기파는 파장(두 파동의 동일한 지점 사이의 거리)에 따라 분류되어요. 가장 긴 파동은 전파예요. 그다음은 마이크로파이고요. 그 뒤를 따르는 건 적외선인데, 열로 느낄 수 있어요. 다음으로는 가시광선, 자외선, 엑스선 그리고 가장 짧은 감마선이 이어진답니다.

전자기파 스펙트럼

     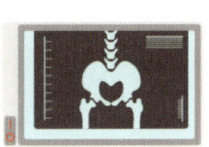 

전파　　마이크로파　　적외선　　가시광선　　자외선　　엑스선　　감마선

음식은 분자라고 하는 아주 작은 입자로 이루어져 있어요. 분자는 항상 진동하는데, 마이크로파에 부딪히면 더 많이 흔들리지요. 전자레인지는 전기를 이용해 마이크로파를 만들어요. 이것이 음식으로 들어가 분자들을 더 빠르게 진동시키면 음식이 데워집니다.

전자 현미경

분자는 배율이 아주 높은 현미경으로만 볼 수 있어.

분자

전자레인지로 가열하기

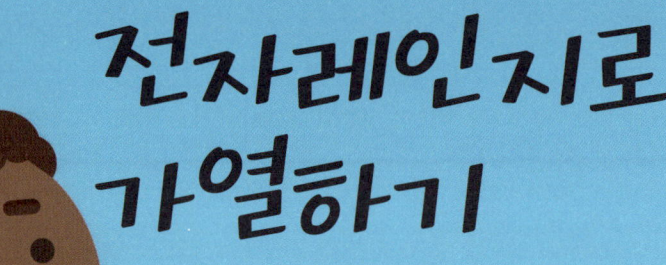

준비물
- 도와줄 어른
- 전자레인지
- 바닥이 납작한 전자레인지용 접시 2개
- 마시멜로
- 버터
- 오븐용 장갑
- 포크
- 종이와 연필

우리 집에 있는 전자레인지는 음식을 골고루 데울까요? 다음 실험으로 알아보아요!

이렇게 만들어요

버터

1 접시 2개의 가장자리와 바닥에 마시멜로가 붙지 않도록 버터를 발라요.

마시멜로

2 접시 2개에 마시멜로를 서로 꼭 붙여 줄을 세워 담아요.

3 첫 번째 접시를 전자레인지에 넣고 전자레인지를 저출력으로 1분간 작동해요. (마시멜로에 아무 변화가 없다면 30초 더 작동해요.)

전자레인지

4 어른의 도움을 받아 전자레인지에서 접시를 꺼내요. 마시멜로를 포크로 누르며 보이는 것을 기록해요. 마시멜로가 처음보다 더 말랑말랑하고 끈끈해졌을 거예요. 모든 마시멜로에서 같은 느낌이 나나요?

5 전자레인지의 회전판을 빼고 두 번째 접시를 넣어요. 3~4번 반복해요.

마이크로파는 전자레인지 안에서 이리저리 튕기다가 군데군데 합치면서 뜨거운 지점을 만들어요. 회전판 위에 음식을 놓으면 음식이 골고루 익어요. 두 번째 접시는 회전하지 않았으므로 다른 곳보다 더 뜨겁거나 더 차가운 부분이 생기는 거예요.

함께 풀어 보아요

장치마다 이용하는 에너지파가 서로 달라요. 어떤 에너지파가 어떤 장치를 움직이는지 선으로 이어요.

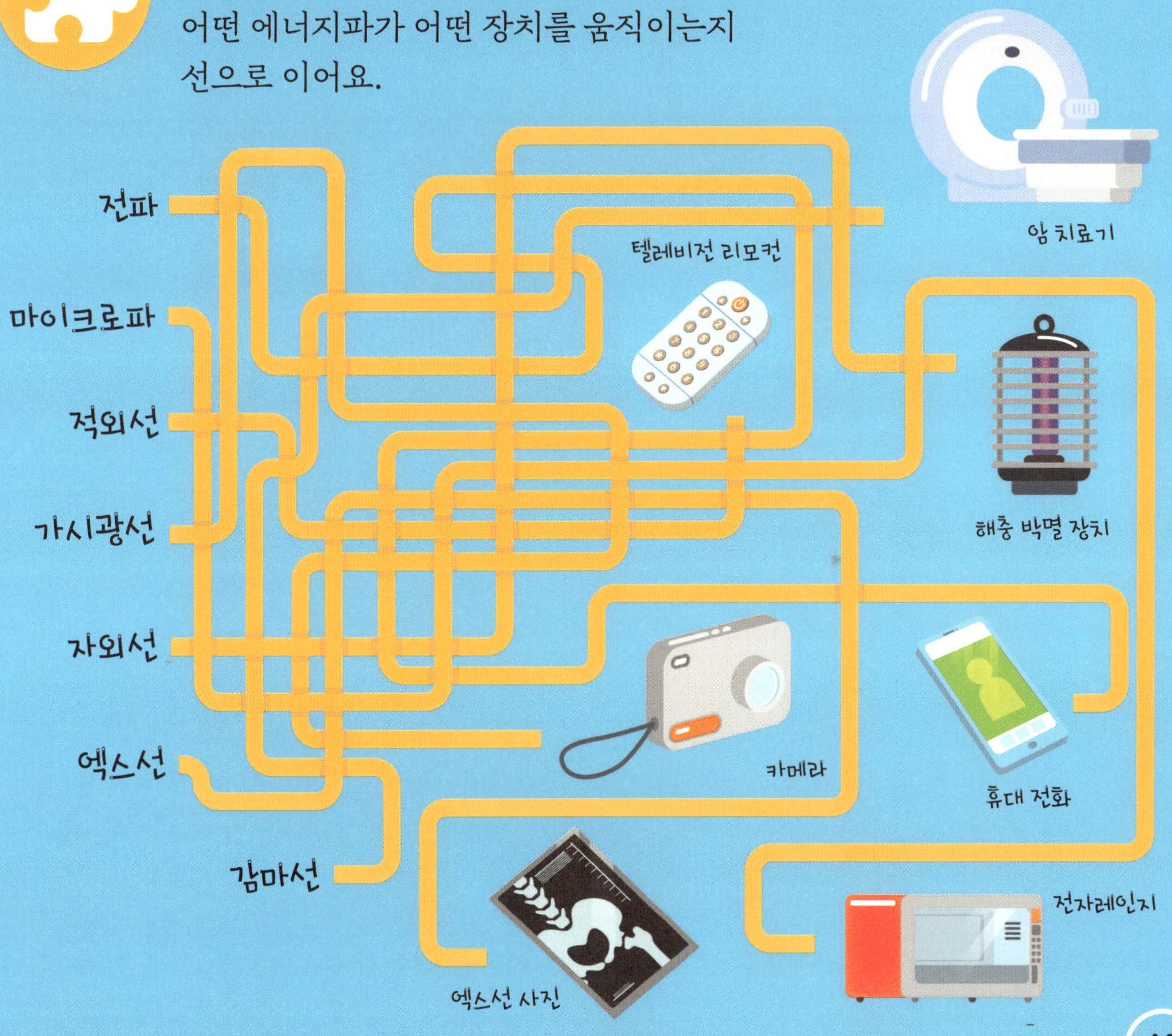

- 전파
- 마이크로파
- 적외선
- 가시광선
- 자외선
- 엑스선
- 감마선

- 텔레비전 리모컨
- 암 치료기
- 해충 박멸 장치
- 카메라
- 휴대 전화
- 엑스선 사진
- 전자레인지

정답은 책 뒤쪽에.

청소를 도와요

부모님을 도와드린다며 청소를 한 적이 있나요? 아마 먼지와 쓰레기를 가볍게 빨아들이는 전기 진공청소기로 쉽게 청소를 할 거예요.

진공청소기는 주스를 빨대로 빨아 마시는 것처럼 흡입하는 방식으로 작동해요. 먼지를 빨아들여 통에 모으지요. 예전의 진공청소기는 종이봉투에 먼지를 모았어요. 하지만 요즘 청소기는 안에 봉투가 들어 있지 않아요. 이들은 소용돌이 바람을 이용해 깨끗한 공기에서 먼지를 분리하지요.

진공청소기는 강력한 전기 모터로 팬을 돌려 공기를 빨아들여요. 솔과 롤러는 바닥의 먼지를 빨아들이기 쉽게 풀어 놓아요. 먼지가 분리되고 나면 깨끗한 공기는 청소기 밖으로 다시 나온답니다.

먼지가 섞인 공기는 사이클론이라고 하는 원뿔형 플라스틱 장치 안에서 고속으로 돌아요. 그러면 먼지 입자가 테두리에 달라붙지요. (이것은 세탁기가 빠르게 돌며 깨끗해진 옷을 탈수하는 것과 비슷한 방법이에요.) 이 먼지는 바닥으로 떨어져 플라스틱 통에 모입니다.

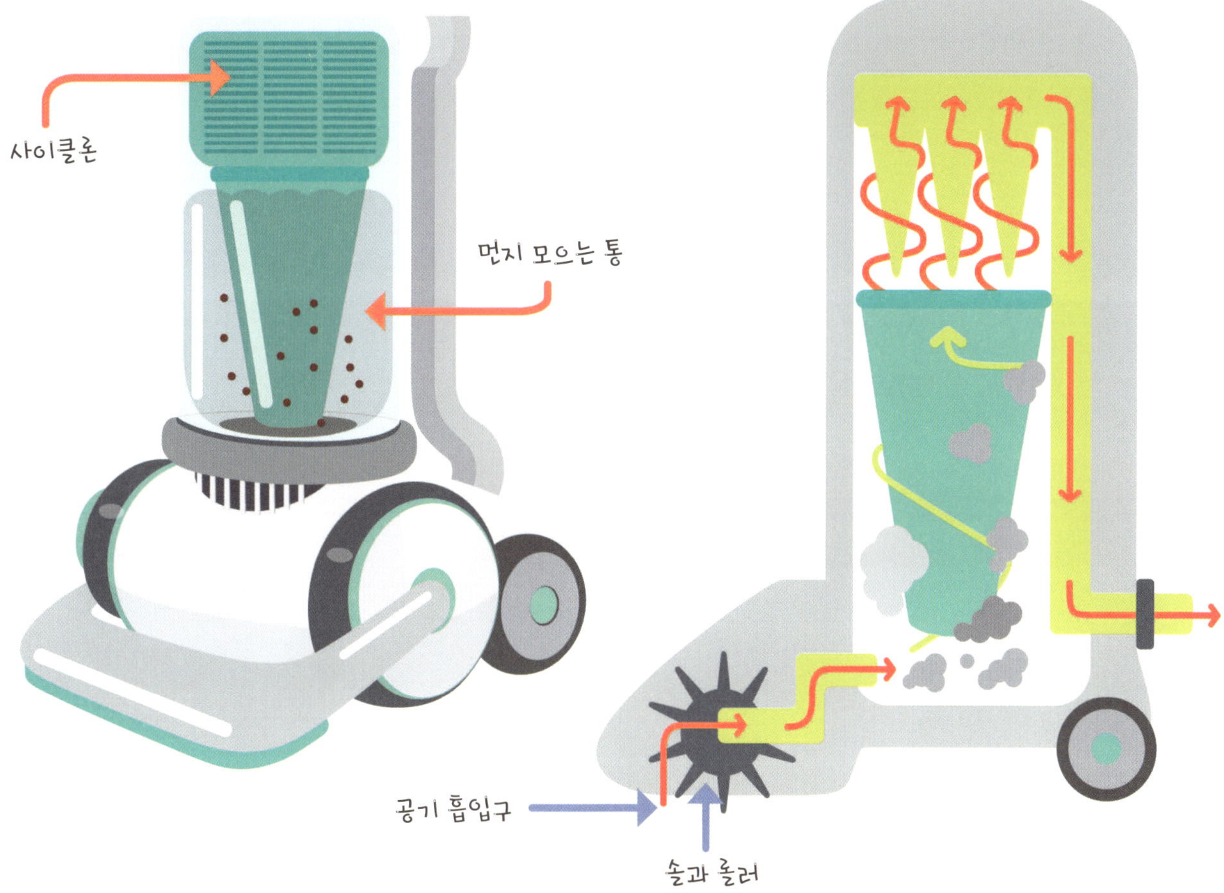

사이클론

먼지 모으는 통

공기 흡입구

솔과 롤러

사이클론 청소기보다 첨단 청소기를 원한다면 로봇청소기도 있어요! 이것은 먼지를 빨아들이는 방식은 일반 청소기와 같지만, 집 안을 스스로 돌아다니며 장애물을 만나면 알아서 방향을 바꾸지요.

진공청소기로 변신!

준비물
- 빗
- 티슈페이퍼
- 먼지가 있는 안락의자나 쿠션

우리는 입과 허파로 흡인력을 만들 수 있어요. 빨대로 음료를 마실 때마다 그렇게 하는 거예요! 이 대단한 흡인력을 이용하면 우리도 먼지를 빨아들일 수 있어요.

이렇게 만들어요

1 빗을 티슈페이퍼 1장으로 감싸요.

2 먼지를 빨아들일 안락의자나 쿠션 옆에 서요.

3 숨을 내쉬어 허파를 최대한 비워요.

4 빠르게 티슈페이퍼로 감싼 빗을 입에 대요. 빗을 입에서 떼지 않은 채 빗 반대쪽을 안락의자나 쿠션에 대고 꾹 눌러요.

5 숨을 빠르고 세게 훅 들이마셔요. 빗살들 사이로 공기가 통과하도록 해야 해요.

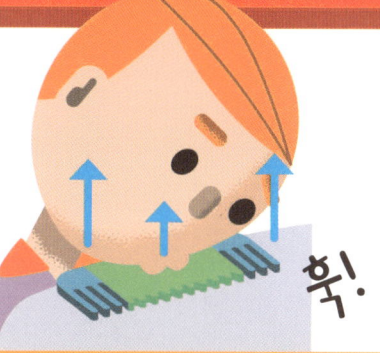

6 티슈페이퍼를 보아요. 먼지가 묻었나요?

숨을 들이마시면 입 앞쪽에 있는 공기를 빨아들이게 되지요. 그러면 기압이 낮은 부분이 생겨요. (기압은 공기가 표면을 누르는 힘이에요.) 상대적으로 기압이 높아진 그 주변의 공기가 빈 곳을 메우려 밀고 들어와요. 티슈페이퍼는 먼지가 입안으로 들어가지 않게 해 줍니다.

 함께 풀어 보아요

로봇청소기는 건전지로 움직여서 한 시간 정도 사용하면 충전해야 해요. 충전 방법은 주 전원과 연결된 충전 거치대로 스스로 돌아가는 거예요. 아래 로봇청소기는 충전 거치대로 돌아가는 길을 찾고 있어요. 장애물을 피해 길을 찾아 주세요.

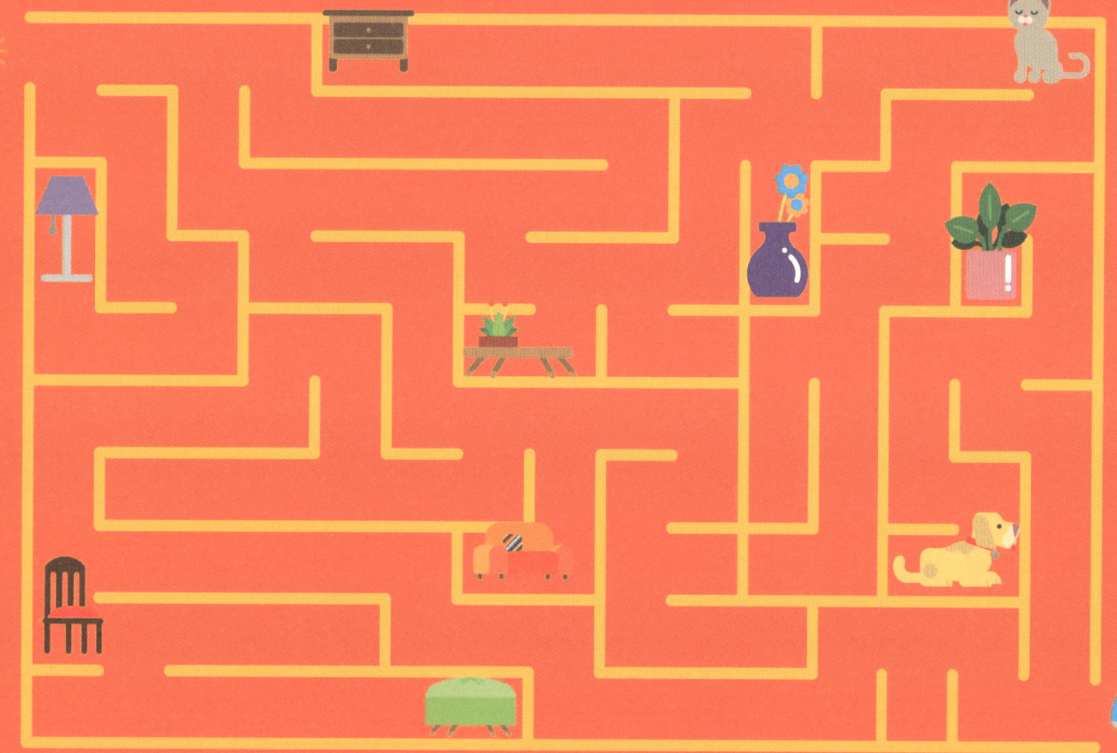

정답은 책 뒤쪽에.

알고 보면 참 단순한 기계

저녁을 먹은 후 잠깐 자전거를 탈 때가 있을 거예요. 자전거는 매우 단순한 기계로 우리를 한 곳에서 다른 곳으로 데려다 줘요.

무언가를 이동시키거나 들어 올릴 때는 밀기나 당기기 같은 힘이 필요해요. 무거운 것을 들려면 큰 힘이 필요하지요. 단순한 기계는 그런 작업을 더 쉽게 하도록 해 준답니다. 그 기계는 받는 힘의 방향을 바꾸거나 힘을 더 세게 만들거나 이동 거리를 늘리기도 해요. 자전거는 여러 단순한 기계로 이루어져 있어요.

지렛대
자전거 핸들은 지렛대예요. 핸들의 한쪽 끝을 밀면 다른 쪽 끝은 반대 방향으로 움직여요.

도르래
체인과 기어는 도르래 노릇을 해요. 도르래 두 개가 체인 하나로 연결되지요. 페달을 밟아 도르래 하나를 움직이면 다른 도르래가 돌아가는데 이 두 번째 도르래가 뒷바퀴를 굴리는 거예요.

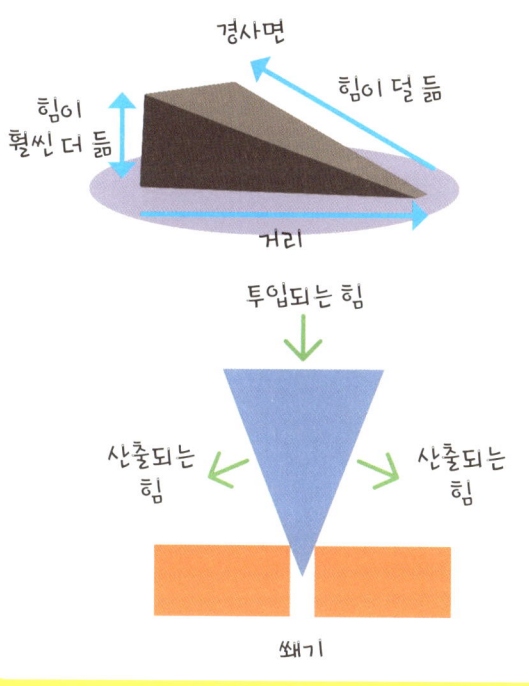

경사면과 쐐기도 단순한 기계예요. 물건을 그냥 들어 올리지 않고 경사면으로 당겨 올릴 수 있어요. 경사가 완만할수록 당기기가 쉬워요.(하지만 당기는 거리는 더 멀어집니다!) 쐐기는 무언가에 박아 넣어 쪼갤 때 사용해요.

바퀴
두 물체를 서로 문지르면 마찰이 생겨요. 마찰은 속도를 줄이는 힘이지요. 바퀴가 돌아가지 않는다면 타이어는 그냥 땅을 문지를 테고, 그 마찰 때문에 자전거는 움직이지 못할 거예요.

나사
나사는 자전거의 각 부분을 서로 조립하게 해 줘요. 나사는 빙글빙글 돌려서 죄거나 풀 수 있어요.

도르래로 물건 들어 올리기

준비물

- 도와줄 어른
- 카라비너(또는 튼튼한 커튼 고리) 3개
- 빨랫줄이나 밧줄
- 외투 걸이 1개
- 안에 물건을 넣은 양동이나 페인트 통(추로 사용)

도르래는 자전거 바퀴만 돌리는 게 아니에요. 무거운 것을 들 때도 도움이 된답니다.

카라비너는 온라인에서나 아웃도어 가게에서 살 수 있어요. 열거나 닫을 수 있어서 이 실험에 알맞아요.

이렇게 만들어요

1 밧줄의 한쪽 끝을 카라비너에 묶고 양동이 손잡이에 카라비너를 걸어요.

2 밧줄의 다른 쪽 끝을 또 다른 카라비너에 끼우고 이 두 번째 카라비너를 외투 걸이에 걸어요. (외투 걸이 대신 단단히 고정한 다른 두 지점을 이용해도 돼요.)

3 밧줄 끝을 잡아당겨요. 양동이가 들려 올라갈 거예요.

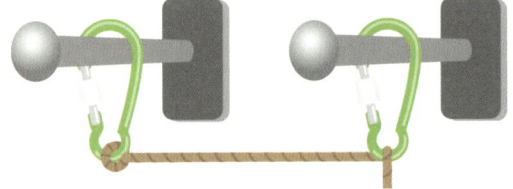

4 양동이 손잡이에 걸렸던 카라비너를 빼서 다른 외투 걸이의 다른 카라비너와 나란히 걸어요.

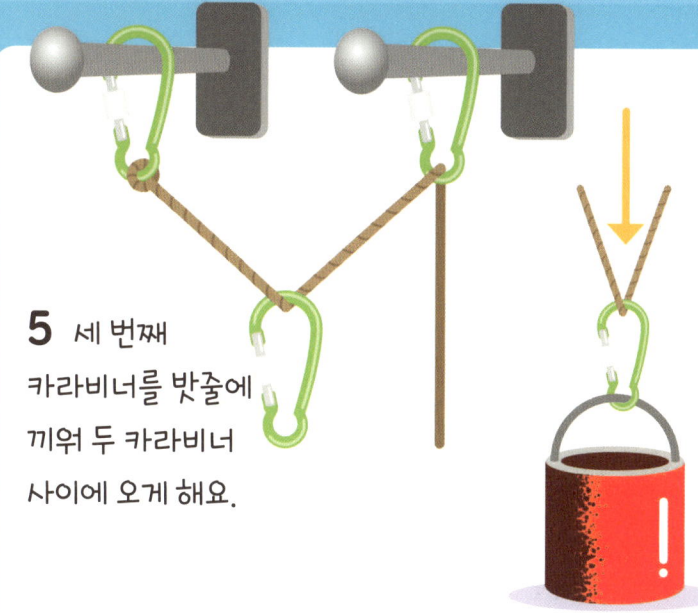

5 세 번째 카라비너를 밧줄에 끼워 두 카라비너 사이에 오게 해요.

6 세 번째 카라비너를 잡아 내려 양동이 손잡이에 걸어요.

7 다시 밧줄 끝을 잡아당겨 양동이를 들어 올려요.

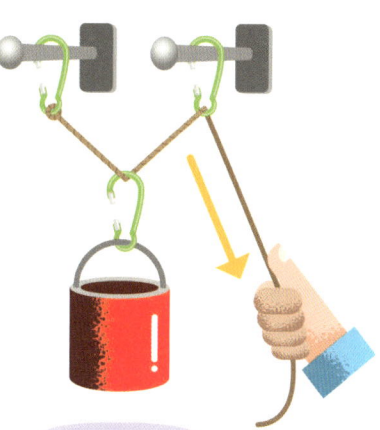

도르래 두 개를 이용하면 물건을 더 쉽게 들 수 있어요. 밧줄을 더 길게 잡아당겨야 양동이가 들리지만 힘은 덜 든답니다.

함께 풀어 보아요

자전거 부품의 이름을 나타내는 영어 단어들의 철자가 마구 섞여 있어요. 단어를 바르게 고쳐서 그림의 해당하는 부분과 짝지을 수 있나요? 어른의 도움을 받아 함께 풀어 보아요.

바퀴-HEWLE

축-LEXA

체인-ICHNA

기어-EGRSA

핸들-NBHDASLREA

페달-LDASPE

안장-DASELD

정답은 책 뒤쪽에.

55

자기 전에 이 닦기!

잠잘 시간! 자기 전 마지막으로 할 일은 이를 닦는 거예요. 우리가 매일 사용하니 잘 알아채지 못하지만, 칫솔도 대단한 기술 작품 중 하나랍니다!

칫솔이 발명되기 전 사람들은 나뭇가지를 씹거나 이쑤시개로 이를 청소했어요. 지금의 칫솔과 같은 모양을 한 도구는 중국에서 처음 발명되었지요. 손잡이를 뼈나 대나무로 만들고 돼지털을 달았답니다. 대부분 현대식 칫솔은 플라스틱 손잡이와 나일론 모로 만들어요.

치카치카!

나는 새것이 더 좋아!

음식을 먹으면 부서진 음식이 이 사이에 끼어요. 이것은 그대로 두면 치태라는 끈끈한 물질이 생기게 하지요. 치태에는 이를 썩게 하고 잇몸병을 일으키는 세균이 있어요. 칫솔질을 하면 치태를 씻어 낼 수 있답니다.

전동 칫솔은 손으로 칫솔질하는 것보다 치태를 제거하는 데 효과가 좋다고 알려져 있어요. 전동 칫솔의 손잡이 안에는 빠르게 회전하는 전기 모터가 들어 있지요. 이 모터는 캠과 기어 장치로 칫솔 헤드와 연결되어 있어요. 이 장치는 모터의 회전 운동을 왕복 운동으로 바꾸어요. 그래서 헤드가 왕복으로 회전하며 이를 닦는답니다.

돌아가는 헤드

전동 칫솔의 플라스틱 몸체는 모터와 건전지가 물에 젖지 않도록 해 줘요. 헤드는 쉽게 뺄 수 있어서 칫솔모가 닳으면 바꿔 끼울 수 있지요. 칫솔을 사용하지 않을 때는 플라스틱 거치대에 세워 두어요. 거치대 플러그를 벽 콘센트에 꽂아 건전지를 충전하는 거예요.

캠과 기어

모터

교체 가능한 칫솔 헤드

충전지

몸체에 밀어 넣기

아무리 좋은 칫솔이라도 치약이 없으면 안 돼!

전동 칫솔이 더 좋을까?

준비물
- 도와줄 어른
- 껍질이 하얀 달걀 2개
- 냄비와 물
- 그릇
- 콜라
- 수동 칫솔
- 전동 칫솔
- 치약

끓는 물! 조심!

전동 칫솔을 만드는 회사에서는 전동 칫솔이 이를 더 잘 닦아 준다고 주장해요. 아래 실험으로 그 주장을 실험해 볼까요?

이렇게 만들어요

1 어른의 도움을 받아 달걀을 완전히 삶아서 식혀요.

2 달걀을 그릇에 넣고 콜라를 달걀이 잠길 정도로 부어요. 하룻밤 그대로 두어요.

3 콜라에서 달걀을 꺼내요. 껍질이 갈색으로 변했을 거예요.

수동 칫솔

전동 칫솔

4 수동 칫솔에 치약을 묻혀 달걀 한 개를 닦아요.

5 이번에는 전동 칫솔에 치약을 묻혀 남은 달걀을 닦아요.

어떤 결과가 나왔나요? 전동 칫솔이 더 잘 닦였나요? 아니면 똑같았나요? 어느 칫솔이 이를 더 부드럽게 닦아 줄까요? 그게 더 좋은 걸까요?

함께 풀어 보아요

어느 치과 의사가 우리한테 비밀 메시지를 보냈어요. 암호를 풀 수 있나요?
이 비밀 메시지의 숫자와 부호는 각기 다른 알파벳을 나타내요.
비밀 코드를 이용해 메시지의 내용을 알아볼까요?
힘들면 어른의 도움을 받으세요.

비밀 코드

0 = A
1 = B
2 = C
3 = D
4 = E
5 = F
6 = G
7 = H
8 = I
9 = J
! = K
@ = L
£ = M
$ = N
% = O
& = P
* = Q
+ = R
/ = S
? = T
~ = U
< = V
> = W
÷ = X
∞ = Y
¶ = Z

비밀 메시지

1 + ~ / 7   ∞ % ~ +   ? 4 4 ? 7
? > 8 2 4   4 < 4 + ∞   3 0 ∞

이 비밀 메시지의 내용은

BRUSH YOUR TEETH TWICE EVERY DAY

기술은 어디에나 있어요!

기술은 언제나 우리 삶을 더 편리하게 해 줘요. 우리가 쓰는 도구와 기계를 고안한 전문가들은 새로운 기술을 끊임없이 개발해요.

최초의 인류는 돌을 도구로 사용했어요. 바퀴는 물건을 전보다 빠르게 옮기게 해 주었지요. 가솔린 엔진은 더 많은 변화를 가져왔고요. 이제는 제트 엔진 비행기가 승객들을 지구 곳곳으로 데려가요.

새로운 기술은 좀 더 쉬운 방법을 찾는 단순한 아이디어로 시작될 때가 많아요. 하나의 결과물을 새로 만들어 내려고 과학자, 공학자, 디자이너가 힘을 합쳐요. 실험하고, 디자인을 수정하고, 또다시 실험하는 끈기 있는 과정은 몇 년이 걸리곤 해요.

지금까지 기술에 관해 배운 것을 떠올려 봐요. 일상에서 또 다른 기술의 예를 찾을 수 있나요? 다음에는 우리가 세계를 뒤흔들 만한 발명을 하지 않을까요? 새로운 아이디어를 정리해 보세요. 불가능한 것은 없답니다!

퀴즈 시간!

다음 기술 관련 질문에 대한 답을 기억하는지
여러분의 기억력을 시험해 봐요!

1. 아날로그시계에서 시간을 보는 방법은?
   a) 디스플레이에 나타난 숫자 읽기 ☐
   b) 바늘 위치 보기 ☐
   c) 추가 흔들리는 횟수 세기 ☐

2. 전기가 흐르는 고리의 이름은?
   a) 회로 ☐
   b) 전도체 ☐
   c) 저항기 ☐

3. 효모는 반죽을 어떻게 부풀릴까?
   a) 세균을 만들어서 ☐
   b) 거품을 만드는 이산화 탄소를 발생시켜서 ☐
   c) 당류를 산으로 바꾸어서 ☐

4. GPS는 무슨 뜻인가?
   a) 지형 프로그램 위성 ☐
   b) 정부 보호 시스템 ☐
   c) 위성 위치 확인 시스템 ☐

5. 라슬로 비로는 왜 신문용 잉크로 펜을 만들었나?
   a) 점도가 높고 빨리 말라서 ☐
   b) 색깔이 다양해서 ☐
   c) 보충하기 쉬워서 ☐

6. 바코드의 각 숫자는 몇 개 선으로 표현되나?
   a) 5 ☐
   b) 7 ☐
   c) 9 ☐

7. 휴대 전화가 서로 신호를 주고받는 방식은?
   a) 음파 ☐
   b) 엑스선 ☐
   c) 전파 ☐

8. 자전거의 체인과 기어는 어떤 단순 기계인가?
   a) 도르래 ☐
   b) 지렛대 ☐
   c) 나사 ☐

정답: 1b, 2a, 3b, 4c, 5a, 6b, 7c, 8a

정답

11쪽

1. 12:34
2. 3:52
3. 7:13
4. 11:29

15쪽

19쪽

27쪽

35쪽

39쪽

8132512
761489
SCIENCE
ROCKS!
(과학 최고!)

43쪽

그림에 있는 휴대 전화는 다섯 개.

47쪽

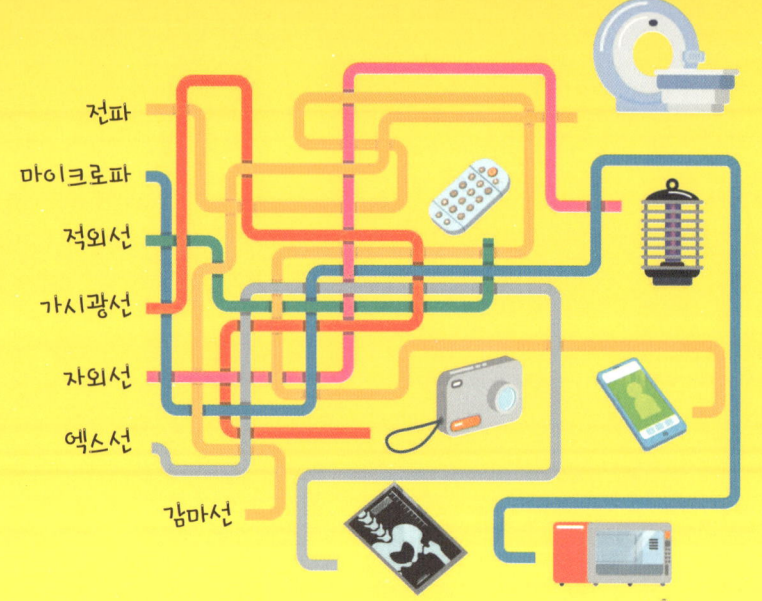

51쪽

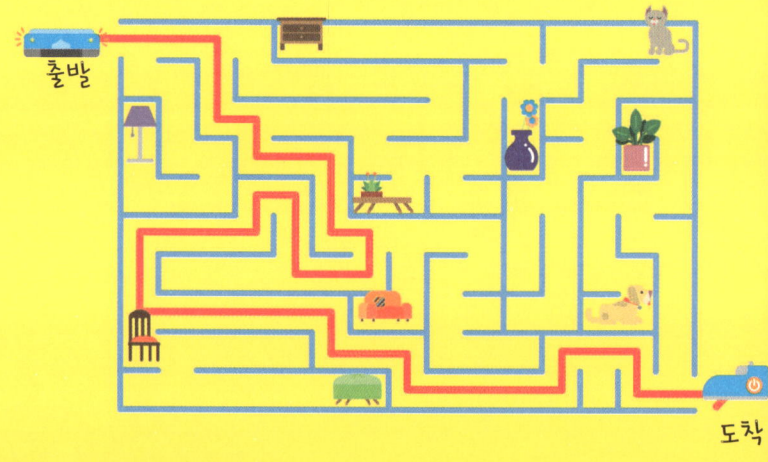

55쪽

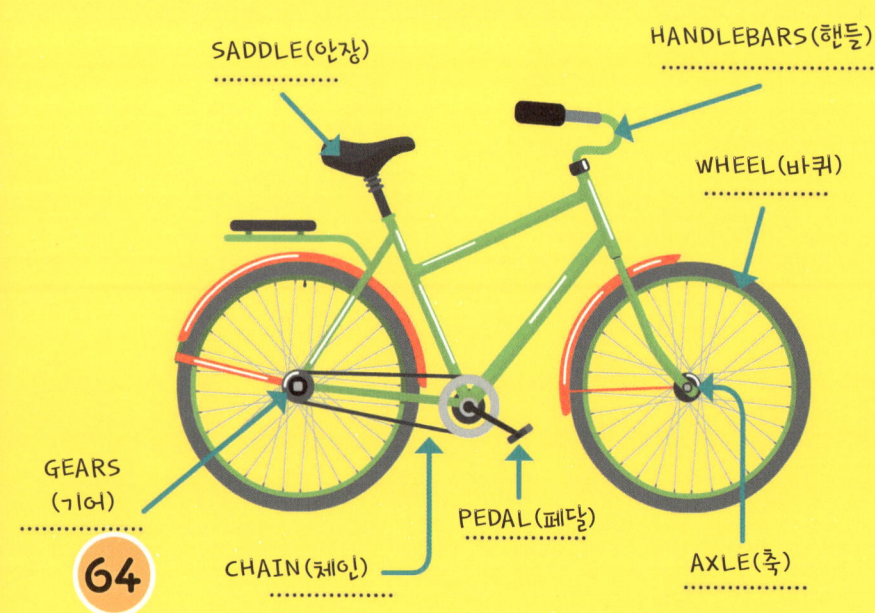

59쪽

BRUSH YOUR TEETH TWICE A DAY.
(하루에 두 번 이를 닦아요.)